LES

CLÉRICAUX

OU

LES FAUX FRÈRES

PAR

Mme C.-D. COOTE

PRIX : 50 CENT.

PARIS
AUGUSTE GHIO, LIBRAIRE-ÉDITEUR
Galerie d'Orléans, Palais-Royal

1877

LES CLÉRICAUX OU LES FAUX FRÈRES

PAR

Mme C.-D. COOTE

PARIS
AUGUSTE GHIO, LIBRAIRE-ÉDITEUR
Galerie d'Orléans, Palais-Royal

1877

DÉDICACE

A mon respectable ami M. le Capitaine BERT, chevalier de la Légion d'Honneur, défenseur des saines doctrines.

Hommage très respectueusement affectueux.

C.-D. COOTE.

LES CLÉRICAUX

OU

LES FAUX FRÈRES

C'est au jour mémorable de la consommation de l'amour infini qu'ont éclaté la haine du cléricalisme et la perfidie de la fausse fraternité.

Jésus-Christ, le roi de l'amour, instituant la sainte Eucharistie, le sacrement de l'amour, et par là même fondant son Eglise sur cette base ravissante, fut victime de la trahison d'un clérical et d'un faux frère, de Judas son disciple, qui le livra lâchement à ses ennemis, pour trente deniers.

L'histoire du cléricalisme, destructeur de la religion, commence là. Elle se poursuit ainsi à travers les siècles, jusqu'à nos jours.

La dispute des nouveaux chrétiens préférant saint Paul à saint Pierre était une discussion de jalousie engendrée par les cléricaux.

Tous les hérésiarques, les schismatiques des premiers temps du christianisme, comme ceux qui sont venus dans la suite, Luther, Calvin et les autres, étaient des cléricaux.

Saint Jérôme, persécuté et calomnié par les cléricaux, ne parvint pas à se délivrer de leurs invectives en s'abritant dans la grotte de Bethléem.

Saint Athanase, le jouet des complots des faux frères, fut exilé dans les Gaules.

Saint Grégoire, archevêque de Constantinople, à la suite d'une sédition des cléricaux envieux de ses vertus et de ses talents, donna sa démission pour finir ses jours en paix à Naziance, sa patrie, uniquement occupé à la méditation et aux labeurs littéraires.

Saint Hilaire de Poitiers et tant d'autres grands évêques, poursuivis par les cléricaux de leur époque, subirent de leur part des angoisses inouiës.

Saint Jean de la Croix fut tenu sept ans au fond d'un sombre cachot par ses faux frères, qui le torturèrent cruellement et l'accusèrent des crimes les plus infâmes.

Sainte Thérèse ne trouvait plus de confesseur, parce que les cléricaux étaient ameutés contre elle.

Saint Célestin, qui, de simple ermite fut élevé sur la chaire pontificale, après avoir abdiqué la tiare, à cause des chagrins que lui suscitaient le cléricalisme et la fausse fraternité, fut mis en prison par son successeur, auquel les cléricaux persuadèrent que le pontife démissionnaire pourrait revendiquer le pouvoir suprême.

Savonarole, le martyr florentin de la vérité, fut brûlé vif, grâce aux cabales des cléricaux, dont il avait eu le courage de frapper publiquement les écarts scandaleux.

N'était-ce pas par les cléricaux que l'horrible inquisition espagnole était administrée?

Par qui l'innocente et courageuse Jeanne d'Arc fut-elle livrée aux Anglais? Par des cléricaux, qui la condamnèrent injustement aux flammes du bûcher. Qui présida à son affreux supplice? Encore ces enragés cléricaux.

Sainte Catherine de Sienne, la vierge intrépide

qui ramena la papauté d'Avignon dans la Ville éternelle, la pacificatrice de l'Italie bouleversée par des guerres intestines, l'arbitre des princes et des peuples, ne reçut-elle pas du cléricalisme irrité contre elle les stygmates de l'ignominie, que Jésus-Christ transforma en stygmates de gloire?

Qui osa flétrir la réputation si pure de l'aimable saint François de Sales, en lui attribuant des lettres compromettantes de son écriture contrefaite? Toujours de faux frères offusqués du prestige de sa haute sainteté.

Et sainte Jeanne de Chantal, sa coopératrice infatigable, n'eut-elle pas aussi le manteau de son honneur lacéré par les ongles aigus des cléricaux impitoyables?

Bossuet, attaquant le doux Fénelon avec un acharnement cruel, était un clérical forcené, qui abusait de son génie pour écraser un rival dont la sagesse et la grandeur le blessaient.

D'âge en âge, le cléricalisme, c'est-à-dire le méchant esprit du mal, s'est infiltré de plus en plus dans la société chrétienne, dont il a fini par devenir la plaie cancéreuse.

De nos jours, les cléricaux tenaces qui nous harcèlent attirent sur nous la colère de Dieu et des hommes par les excès violents de haine auxquels ils s'abandonnent avec une entente redoutable.

Ils ont des revues hebdomadaires, ainsi que des journaux quotidiens, dans lesquels ils vomissent leur venin empoisonné sur ceux qui se permettent charitablement d'attirer l'attention de la puissance ecclésiastique sur des abus condamnables, ou de blâmer les capricieuses taquineries de quelques curés mal appris, en les rappelant à leur ministère de paix et de conciliation.

Ces revues et ces journaux attaqueront même un évêque sans le moindre respect pour sa dignité, comme celui de Gap, qui leur prouvera clairement que toutes les opinions politiques s'allient avec les devoirs d'un bon catholique, et qui leur démontrera qu'avant tout, après le service de Dieu, vient celui de la patrie.

Ces revues et ces journaux ne cesseront de brûler un encens nauséabond en l'honneur de certains prélats et de certains prêtres dont ils troublent l'esprit et qu'ils rendent ainsi le point de mire des coups de l'impiété.

Est-ce qu'un évêque accomplissant ses fonctions obligatoires, allant de ville en ville, de village en village, pour administrer la confirmation, a besoin d'être exalté chaque jour, parce qu'il exerce son ministère pastoral?

Ces fades compliments, élaborés par les flatteurs cléricaux, soulèvent la bile des ennemis de l'Église et font le plus grand tort à la religion, toute d'abnégation et d'humilité.

Que dire également des affreux malheurs accumulés par les cléricaux dans le système de dénonciation et d'espionnage, devenu universel dans le domaine clérical?

Demandez aux deux ou trois cents prêtres que la misère a obligés à se faire balayeurs de rue ou a devenir cochers de fiacre à Paris, qui les a réduits à cette humiliante et pénible position? Ils vous répondront : « Nous le devons aux cléricaux, nos faux frères, qui, sans pitié, nous ont accablés de leurs accusations calomnieuses auprès des évêques trop crédules, fascinés par leur influence malfaisante. Les cléricaux n'ont pas voulu d'un jugement. Du reste, à quoi bon un jugement? ajouteront-ils. Les tribunaux appelés officialités sont présidés par les évêques malheureusement trompés, et composés de juges de leur choix, qui partagent aveuglément leur opinion. On y est condamné d'avance.

Oh! que de Lemennais dont nous n'aurions pas à déplorer la perte, si les cléricaux usaient de miséricorde et non de cruauté.

L'illustre Lacordaire, l'ami de M. Schwechine, voyant son œuvre ébranlée par de faux frères, saisi de dégoût et de désespoir, s'enferme à Sorèze et y meurt prématurément.

N'est-ce pas la main d'un clérical devenu fou par les persécutions des faux frères qui plongea le poignard homicide dans le cœur de Mgr Sibour, l'archevêque de Paris, ce prélat qui avait élevé si haut la question de la liberté?

De nos jours, voyez Mgr Mermillod, ce généreux confesseur de la foi, chassé de sa maison, dépossédé des fruits de son zèle apostolique, errant sur la terre étrangère. Il pourrait s'écrier, comme le noble Romain injustement exilé : « Ingrate patrie, pourquoi méconnais-tu mon patriotisme? » Mais non, ce sont les faux frères qui l'ont tyrannisé, se sont emparé de ses œuvres, et l'ont fait éloigner de son troupeau, dont il était adoré.

A qui devons-nous la propagation des mauvais livres et des nouvelles les plus étourdissantes? Aux perpétuelles criailleries cléricales. Renan et compagnie n'auraient pas fait fortune en vendant leurs productions révoltantes et malsaines, si les trompettes cléricales n'avaient pas retenti d'un bout de la France à l'autre. Dès lors tous désirent connaître ces écrits pernicieux pour la religion et les mœurs, autour desquels s'élève un pareil bourdonnement.

Voilà comment le poison s'inocule.

D'où vient la tempête actuellement soulevée contre les représentants de l'autorité sainte? Quelle est la cause de cette recrudescence orageuse de suspicion, au sein de l'Assemblée nationale? Pourquoi nos députés émus ont-ils exigé du gouvernement la déclaration de faire exécuter des lois vieillies contre l'Église pacifique de France?

Eh! c'est que le cléricalisme tapageur a profité

des manifestations de quelques évêques ardents à défendre les intérêts du catholicisme et de la papauté pour lancer des brûlots incendiaires. «Voilà, s'est-on écrié de toutes parts, voilà l'arsenal des cléricaux ouvert? L'ordre est troublé, non seulement dans le pays, mais encore chez les nations voisines nos alliées. »

Quand donc, ô cléricaux imprudents, saurez-vous demeurer paisibles et vous occuper tranquillement de vos affaires spirituelles, sans jeter la perturbation sur le monde par vos intempestives clameurs politiques?

Dernièrement le gouvernement a obligé, comme fonctionnaires salariés, les évêques, les curés et les vicaires, à la résidence, suivant l'indication de leurs titres. Avait-on songé jusqu'à présent qu'il y avait des abus à ce sujet?

Qui a révélé les pieuses industries dont les évêques usaient, vu la pauvreté des revenus diocésains, pour sustenter les œuvres de bienfaisance, en faisant signer des mandats par des prêtres rétribués ailleurs en des postes non reconnus publics, et en se servant des traitements alloués par l'État?

Les cléricaux, ou si vous aimez mieux les faux frères.

Ces bourses des séminaires dont on a tant examiné et censuré l'emploi, qui en a dévoilé le détournement charitable ?

Encore les cléricaux, éternels adversaires du bien, qui ont affirmé que les séminaristes, le jour de leur consécration au sacerdoce, étaient contraints de signer des lettres de change pour la valeur de la bourse ou de la demi-bourse dont ils avaient joui pendant le cours de leurs études, et qu'ainsi le séminaire retirait deux fois le même argent.

Quelle imposture !

Mais, écrivait Voltaire, mentez, mentez, il en reste toujours quelque chose.

Qu'est-il advenu? La commission du budget des cultes entend supprimer une partie de l'allocation pour les bourses des séminaires.

Dès lors les prétendants pauvres à la prêtrise, n'ayant pas les moyens d'y arriver, seront obligés de renoncer à leurs désirs ; et les vocations ecclésiastiques étant taries, faute de secours, nous n'aurons bientôt plus assez de prêtres, déjà si rares.

Hélas! qui ne gémirait de cette diminution continuelle des desservants dont l'Église est justement alarmée? On s'afflige, à bon droit, de la pénurie des jeunes gens pour la vie ecclésiastique. Pourquoi le nombre des aspirants au sacrement de l'Ordre est-il si restreint, et tend-il à se restreindre encore?

Rien de plus facile à comprendre. Par le fait des agissements ennuyeux des cléricaux, la profession sacerdotale, jadis si douce et si estimée, s'est changée en une carrière douloureuse dont les peines amères épouvantent les parents.

Autant on était heureux et fier autrefois de compter un prêtre dans une famille, autant on redoute à présent de voir un enfant manifester la velléité de le devenir.

Telle est l'action dévastatrice des cléricaux et des faux frères.

Croyez-vous qu'ils s'arrêtent là dans leurs désastreuses conjurations?

Détrompez-vous.

Après avoir ravagé le bercail sacré par leurs imprudences funestes, par leur jalousie sans bornes, par leurs ruses raffinées, par leur suffisance orgueilleuse, ils entament la considération des laïques eux-mêmes, dont la vraie piété tranche trop avec leur bigotisme hypocrite et béat.

Qu'une femme du grand monde s'ingénie à allier ses devoirs sociaux avec ses obligations religieuses, entendez-les criant à l'abomination de la désolation. Ils aiguisent sur elle, avec une complaisance prolongée, leur langue d'aspic et de basilic, formulant des jugements aussi faux que méchants.

Saint Paul avait bien raison d'avancer que nos plus dangereux ennemis sont ceux de notre propre société. Aussi, parmi les diverses vicissitudes de son existence tourmentée, il énumérait celle que les faux frères lui avaient fait subir. Or, les faux frères étaient des cléricaux.

Quand donc serons-nous délivrés de leurs machinations abominables, enveloppant ce qu'il y a de plus sacré, de plus respectable et de plus précieux?

Malheureusement ils foisonnent partout : dans l'Église, dans l'armée, dans la magistrature, et ils se rendent insaisissables.

C'est aux honnêtes gens franchement religieux

de les rechercher, de déjouer leurs calculs astucieux, et de les livrer à la vindicte du mépris public.

Mais ne craignons rien pour la sécurité de l'Église. Malgré les aberrations du cléricalisme, qui lui suscite tant d'alarmes, de contradictions, d'ennuis, d'amertumes et d'attaques, elle restera inébranlable, forte et grande. Comme un vaisseau, bien construit et habilement dirigé, battu par la tempête, résiste à la fureur des ondes écumantes et franchit majestueusement l'espace, ainsi, à travers les secousses de l'océan clérical, l'Eglise achèvera sa course vers le rivage de l'éternité, sous le regard de Dieu, guidée par de vaillants pilotes qui, à l'exemple de l'immortel Pie IX, tiendront haut et ferme l'étendard de la vérité.

ANTIBES. — IMPRIMERIE DE J. MARCHAND.

38

DU MÊME AUTEUR :

Perles et Diamants, 1 vol. in-18.

Les Secrets du Mendiant, 1 vol. in-18.

Histoire de trois Chiens, d'une Jument et de trois Oiseaux, 1 vol. in-8°.

ANTIBES. — IMPRIMERIE DE J. MARCHAND.

www.ingramcontent.com/pod-product-compliance
Ingram Content Group UK Ltd.
Pitfield, Milton Keynes, MK11 3LW, UK
UKHW021039200726
13857UKWH00005B/1819